À tous les Francophones de par le monde...

les perles togolaises et d'ailleurs
II

Tous droits de traduction et de reproduction réservés pour tous pays,
All rights of translation and reproduction for all
countries reserved.

LES EDITIONS BLEUES

ISBN :2-913771-13-0

(Agence francophone pour la numérotation internationale du livre)

Printed by CreateSpace,An Amazon.com Company

ISBN 10: 2913771130
ISBN 13: 978-2913771130

Table des matières

Mondanités loméennes ....Page 5

1. Santafé..Page 7
2. EUGÉNIE..Page 9
3. "Le Rabylé"..Page 13
4. Au bar "Où va le monde".........................Page 15
5. "L'Harmatan"......................................Page 16
6. "Chez Baby".......................................Page 17
7. Au "Sixteen".......................................Page 19
8 . A "Lomé-Snack-Bar".............................Page 21
9. À Pajar...Page 25
8. Bienheureuse ADJO................................Page 27
9. Splendide AFI..................................... Page 29
10. Ma belle petite ANDRÉA........................ Page 30
11. AHLIMBA que j'adore..........................Page 33
12. Fidèle AKUÉLÉ..................................Page 35
13. Ma très chère TAFFY............................Page 37
14. Le "Mini Minor".................................. Page 38
15. "Au bon coin du sportif".......................Page 39

Mondanités loméennes

En réalité, il n'y a aucun mal à se promener à travers la jolie ville de Lomé [que je baptise personnellement la "Ville-Lumière", étant donné que celui qui se dénomme dorénavant l'"Homme Noir de Paix, d'Amour et de Liberté", y a vu le jour!] quitte à s'arrêter dans une des charmantes "buvettes" et prendre le nombre de demis que l'on veut...
En ceci réside une des plus appréciée des mondanités loméennes.

Chicago, le 21 dembre 2011

"Santafé"

De tous les "snack-night-bars" loméens, "Santafé" reste mon préféré, très certainement
parce que Eugénie, voire Ambroise et les autres y travaillent.

Parce que ma belle copine Eugénie, et mon très gentil copain Ambroise et les autres y travaillent, "Santafé" devient pour moi, l'endroit idéal pour me détendre et écouter de la bonne musique en buvant une bière ou un cognac.

L'endroit nocturne idéal pour me détendre et écouter de la bonne musique en buvant une bière ou un cognac, reste "Santafé", parce que j'y re-trouve toujours une ambiance extrêmement cha-leureuse et pofondément agréable.

Parce que je retrouve toujours à "Santafé" une ambiance extrêmement chaleureuse et profondément agréable, j'honore ce lieu comme le "Snack-Night-Bar Étoile" de Lomé.

"Santafé" que je qualifie, de manière subjective, de "Snack-Night-Bar Étoile" de Lomé, semble être fréquenté uniquement par les mecs et les nanas plutôt évolués de Lomé!

"Santafé", qui semble être fréquenté uniquement par les mecs et les nanas plutôt évolués de Lomé, est un Snack-Night-Bar vraiment pas comme les autres! La preuve en est, qu'il reste mon préféré...

Un poème à vers scellés
Lomé, le 4 août 1989

EUGÉNIE

Eugénie est la célèbre fille d'un Piano-Bar célè-bre sur le "Boulevard ciculaire" de la "Ville-Lumiè-re".

Tous les garçons bon chic, bon genre qui passent chez elle, en tombent toujours amoureux.

Mais Eugénie me dit une nuit, alors que le bar était encore rempli de trois ou quatre garçons nocturnes plein de charme, quelque chose qui fit d'elle une étoile d'or parmi toutes les étoiles qui brillaient au comptoir du bar étoile.

Eugénie s'est penchée sur moi, accoudé au comptoir doré, et me glissa à l'oreille: "Bel inconnu, je suis amoureuse de vous."

J'ai réagi très vivement, en répondant à Eugénie: "Je vous trouve bien audacieuse, belle inconnue; aimez-moi donc..."

C'est ainsi que commença une belle histoire d'-amour entre Eugénie et moi: Une histoire d'a-mour vraie comme dans un film d'amour.

Mais, Eugénie est une femme très, très belle et

possède par conséquent beaucoup d'amants a-moureux d'elle.

Mais, Eugénie est une femme très, très chic, et possède par conséquent une garde-robe que je ne pourrais lui renouveler fréquemment.

Mai, Eugénie est une femme très, très rusée et possède par conséquent une fortune que je n'ai pas encore.

Mais, Eugénie est une femme très, très coquette et sait par conséquent se faire entourer des jeu-nes gens les plus brillants de la ville.

Mais, Eugénie est une femme très, très sédui-sante et sait par conséquent se faire désirer par beaucoup d'hommes comme maîtresse.

Mais, Eugénie est une femme très, très cruelle et sait par conséquent repousser toutes les offres al-léchantes des hommes entreprenants et con-quérants.

Mais, Eugénie est une femme très, très vicieuse et saura me repousser quand je lui dirai que je suis un chômeur-poète-homme de sciences providentiel!

Mais, Eugénie est une femme très, très polie et saura me garder comme son amant préféré le jour où j'irai l'attendre à la sortie de son travail pour la raccompagner chez elle, ou l'inviter à ve-nir prendre le petit-déjeuner chez moi.

Mais, Eugénie est une femme très, très amou-reuse de moi, et se donnera par conséquent à moi le jour où nous serons seuls, au cœur de notre intimité.

Mais, Eugénie est une femme très, très possessive, et ne voudra jamais me partager avec une autre femme qu'elle.

Mais, Eugénie est une femme très, très orgueil-leuse, et saura par conséquent m'abandonner pour partir avec un homme prêt à se sacrifier pour elle, le jour où je serai couvert de richesses et d'une multitude de femmes toutes amoureu-ses de moi.

Mais, Eugénie est une femme très, très reservée et saura me garder et m'apartenir pour toujours, si je le lui demande.

Mais, Eugénie est une femme très, très franche et saura m'avouer qu'elle a décidé fermement de m'épouser, le jour où je me montrerai jaloux envers tous les courtisans qui l'entourent.

Mais, Eugénie est une femme très, très taciturne, et saura bien m'embrasser devant tous mes rivaux du "Café Santafé", quand je lui apporterai un soir, une rose rouge...

Un poème à vers paraboliques
Lomé, le 13 septembre 1989

"Le Rabylé"

L'estime que j'ai de moi-même, il est vrai, est toujours mise à rude épreuve, lorsque des "mauvaises langues" qui ne manquent pas à Lomé, me font comprendre par le biais de ma famille origi-nelle, qu'ils ne m'aiment pas parce que je mène une vie de jeune soûlard depuis mon bizarre retour définitif au pays.

Et ce n'est certainement pas la pulpeuse serveu-se "hyper Noire" du bar "le Rabylé" qui me voit toujours ivre mort mais absolument serein en arrivant dans son bar, qui ferait mon avocat, puis-qu'elle paraît ne pas aimer les jeunes buveurs de bière de Lomé!

À tous ces cons et connes qui se plaisent à me dénigrer, je veux tout simplement dire qu'il n'y a aucun mal à ce qu'après dix ans d'exil volontaire dans le "pays des Blancs" pour des motifs universitaires, je vive une période de transition où je me plais à vadrouiller dans mon Lomé natal, certains soirs, en m'arrêtant dans certains débits de boissons attrayants pour me désaltérer, jeunesse d'aujourd'hui oblige!

Un poème à vers paraboliques
Lomè, le 10 janvier 1988

Au bar "Où va le monde?"

Au bar "Où va le monde?" réside une serveuse, une nymphe moitié déesse [ou foncièrement charmante], moitié femme [ou vulgaire], du nom d'Edna.

Avec elle, je suis donc moitié dieu [ou foncièrement agréable], moitié homme [ou brutal]...

Un poème à vers manquants
Lomé, le 10 mars 1989

"L'Harmatan"

Je constate que la femme amoureuse qui ne remarque pas vite le sentiment réciproque chez le destinataire de son amour, devient automatiquement cruelle vis à vis de ce dernier.

C'est bien ce qui s'est passé entre Herminia, la propriétaire du bar "l'Harmathan" et moi.

Un poème à vers manquants
Lomé, le 10 mars 1989

"Chez Baby"

La misère de l'homme polygame réside essentiellement dans son incompréhension de la femme amoureuse qui n'accepte, quelque soit sa culture, de partager son "homme" avec une co-épouse", si cette situation ne lui est fatalement imposée.

C'est cette réalité que m'a rappelée la belle barmaid du bar "Chez Baby", Adèle, qui renonça catégoriquement à l'occasion de vivre enfin l'amour
qui nous lie, que je lui ai offerte, à mon retour de Ouagadougou, sans doute pour me dire une fois pour toutes, qu'elle ne veut pas du "mari" de
Dyénaba que je suis.

Un poème à vers manquants
Lomé, le 23 mars 1991

Au "Sixteen"

Je ne sais pas ce qui plaît tant à Andréa et à toutes les autres filles amoureuses de moi, au dancing "Sixteen". Peut être le charme certain de cette boîte de nuit au ciel étoilé, pas chère du tout!

Moi, j'ai pris tout simplement l'habitude de la fréquenter, histoire d'aller me "souler la gueule" pour me défouler, quand je me retrouvais seul, abandonné par Andréa et les autres.

Un poème à vers manquants
Lomé, le 10 février

A "Lomé Snack-Bar"

À "Lomé Snack-Bar", ce qui m'interesse le plus, ce n'est pas m'attabler à la devanture afin d'y prendre un ou deux demis, mais de pouvoir faire un brin de causette amoureux avec la tenancière, une très jolie femme qui aime me prodiguer des conseils en affaires et me raconter sa vie.

Un poème à vers manquants
Lomé, le 11 janvier 1990

A "Pajar"

Le beau diable que je fais, [puisque j'arrive généralement saoul, quand je débarque au bar "Pajar"] eut sa récompense lorsque la totalité de
la nouvelle équipe de six barmaids se rue sur moi comme subjuguée par ma personnalité intellectuelle et joviale, lors de mon avant-avant-avant dernier passage dans ledit établissement, attablé comme d'habitude et ayant manifesté le désir de boire une bière en appelant l'une d'entre elles.

Le plus gros problème serait de retourner là-bas pour me fixer sur la plus amoureuse parmi elles.

Un poème à vers manquants
Lomé, le 13 juillet 1989

Bienheureuse ADJO!

Adjo est bien le prénom d'une de mes toutes dernières conquêtes, Ô combien utiles à mon existence après la rude prospection commercia-le dans le Nord du Togo pour le compte de "la Prévoyance", une compagnie d'assurances que je représente.

Un soir disais-je, au sortir du domicile provisoire sis à Nyikonakpoè, je fis sa rencontre.

La sirène, nommée Adjo m'a sur le champ dit "oui, mais" à ma proposition de la prendre pour femme.

Deux jours après cette rencontre, nous nous sommes aimés, et promis réciproquement fidéli-té.

Mais, ma jolie Adjo prétend que son amour sera à l'image du mien pour elle.

Ce qui signifie que si je me conçois à l'heure actuelle un polygame bienheureux, elle ne voit pas d'inconvénient à me faire cocu si l'envie lui prend.

J'ai pris acte de sa décision, et résolus à mon tour de la revoir pour lui faire admettre que rien n'est plus agréable pour une déesse de n'appar-tenir corps et âme qu'à son Dieu!

Un poème à vers paraboliques
Lomè, le 12 août 1995

Splendide AFI

Lorsque je vis Afi pour la première fois dans la rue Champagne, j'ai immédiatement ressenti l'-envie de trinquer avec elle, voire plus!

Ce désir devint la réalité un soir, et depuis, ma splendide Afi n'a d'yeux que pour moi.

Je lui ai promis aussi de la prendre éternellement pour femme...

Un poème à vers manquants
Lomé, le 11 septembre 1993

Ma belle petite ANDRÉA

Ma foi, qu'elle est belle ma cousine Andréa, surtout lorsqu'on fait l'amour!

Mon amour pour ma petite Andréa restera immortel si elle continue d'être aussi serieuse avec moi.

Et je pense que tout ce dont elle rêve à son dix-huit ans d'âge, est d'être enfin rassurée que je ne la décevrai jamais...

Un poème à vers manquants
Lomé, le 8 juin 1993

AHLIMBA que j'adore!

La femme qui me séduit le plus parmi toutes celles qui sont sûres de m'aimer, reste incontes-tablement Ahlimba.

Le pouvoir d'Ahlimba réside essentiellement dans sa faculté à toujours comprendre mes dé-sirs muets et à y répondre positivement.

La force d'Ahlimba est de toujours s'efforcer de me plaire même si sa mère lui demande le con-traire, me trouvant trop pauvre pour devenir son beau-fils.

La volonté d'Ahlimba quant à l'amour qu'elle me témoigne, est de se concrétiser "maman' avec moi.

Le bien que me veut Ahlimba, se donne en effet comme cette aptitude qu'elle recèle de m'aimer sans me demander de lui rendre régulièrement compte.

Le plaisir et le bonheur que je ressens en la com-pagnie d'Ahlimba, sont définis comme une intimité qu'elle me garantit pour la vie éternelle sous réserve que je la prenne effectivement pour femme.

L'honneur que je tire de ma relation avec ma belle et séduisante Ahlimba, consiste à ce que nous ayons une culture similaire, un mode de vie identique, et une même motivation face à l'existence.

La gloire que je me fais d'avoir Ahlimba pour femme, réside bien sûr dans sa volonté de m'accepter tel que je suis.

Un poème à vers enchaînés
Lomé, le 16 mars 1994

Fidèle AkUÉLÉ

Tout compte fait, Akuélé représente pour moi cette jolie femme d'Afangnan, revendeuse de pain de maïs et de pain de blé, tombée amoureu-se de moi et décidée de m'épouser malgré l'op-
position des miens à ce projet.

Tout compte fait, Akuélé restera pour moi cette sym-pathique femme Noire qui peut s'estimer être passionnément aimée de moi.

Tout compte fait, s'il faut un jour que j'ai un enfant au moins de chacune de mes déesses légi-times, Akuélé sera dans le premier rang.

Un poème à vers manquants
Lomé, le 10 janvier 1992

Ma très chère TAFFY

Que dire de la toute mignonne Taffy, lorsqu'enfin elle m'avoue qu'elle veut être ma femme, elle que j'ai désirée trois, quatre ans durant!

Je suis tout simplement très, très heureux de compter Taffy, ma belle de Kpalimé parmi mes vénérables déesses.

Un poème à vers manquants
Lomé, le 9 septembre 1990

Le "Mini Minor"

Je déteste, somme toute, la totalité de mes anciens camarades de classe extrêmement brillants comme Arnold, Michel, Gérard, Joseph, Germain, qui étaient devenus mes amis intimes et que je relègue aujourd'hui au rang de relations d'intérêt, parce qu'ils s'imaginent tous, sans me fréquenter assidûment, que mon avenir est à jamais terni puisque je n'ai pas obtenu mes diplômes universitaires aux âges idéaux afin de me prétendre leur égal.

Tout ceci me fait d'autant plus mal que même la mère de Michel, la propriétaire du bar "Mini Minor" m'a, à plusieurs reprises, avoué qu'elle ne comprend pas ce que je fous à Lomé puisque je serais devenu irrespectable, étant sans emploi et sans diplômes supérieurs!

Et si la mémé peut comprendre que je me suis réalisé à Lomé, l'Homme le plus intelligent au monde, Dieu le Tout-Puissant en personne, pour la servir! Et qu'à l'heure actuelle, mon lieu idéal de résidence ne peut être que Lomé, n'ayant pas encore publier de livres ou autres œuvres.

Un poème à vers manquants
Lomé, le 17 janvier 1990

"Au bon Coin du Sportif"

Le roi des cons de toute ma famille originelle réunie est incontestablement Éric le transitaire, ce-lui-là même qui a cessé de me prendre pour quelqu'un de respectable, le jour où il a compris que les innombrables essais scientifiques et litté-raires que je rédige, depuis mon "retour définitif" au Togo, ne sont point des thèses de doctorat, mais des essais d'un écrivain autodidacte.

L'individu en question, niveau Terminale G2 d'après ses propres dires, m'avoua un beau ma-tin qu'il ne comprenait pas pourquoi j'ai laissé tomber mes études à l'Université pour me prétendre écrivain et chercheur, ce qui est, à ses yeux, une aberration, puisque c'est par mes di-plômes universitaires ou autres obtenus que je dois normalement gagner ma crédibilité auprès du public!

Lorsqu'en effet je me souviens que les deux fois successives, soit en 1978 puis en 1986, où je fus contraint d'abandonner mes études universitai-res, je le fis, en fin de compte, par choix de destinée, je ne regrette nullement qu'aujourd'hui, pas un seul homme ou femme ne me respecte comme Écrivain, puisque je reste convaincu jusqu'au plus profond de mon être, que je deviendrai riche et prospère du fait de mes écrits uniquement!

Aussi je dédie ces quelques vers de poésie à la très jolie fille qui sert au bar "le Bon Coin du Sportif" qui préféra les billets de banque d'Éric le transitaire, à mon sourire de poète.

Un poème à vers conjugués
Lomé, le 13 novembre 1989

Du même auteur:

- **POÈMES POUR L'AFRIQUE ÉTERNELLE** (Tomes 1, 2, 3, 4, et 5)
- **POÈMES BLEUS**
- **BIJOUX DES ÉTATS UNIS D'AMÉRIQUE (TOMES 1&2)**
- **LA LOI DU PROFIT NUL**
- **L'EXPÉRIMENTATION DE LA LOI DU PROFIT NUL**
- **L'ÉTERNEL COLON**
- **LA FIN DE L'ESCLAVAGE**
- **LES PERLES TOGOLAISES ET D'AILLEURS (TOMES 1&3)**

Achévé d' imprimé en décembrel 2011 par
les ÉDITIONS BLEUES
mmessavussu@gmail.com
moemessavussu@hotmail.com

Dépot légal : Quatrième trimestre 2011
Numéro d'Éditeur ; 2-913-771
IMPRIMÉ AUX ÉTATS UNIS D'AM ÉRIQUE